DIESES BUCH GEHÖRT

Beginne
mit
Bismillah

RAMADAN KALENDER
01
02
03
04
05
06
07
08
09
10
11
12
13
14
15
16
17
18
19
20
21
22
23
24
25
26
27
28
29
30

Tag 1
DATUM: / /
iCH FÜHLE MICH
MEIN GEBET
Fadschr
Zuhr
'Asr
Maghrib
Ischa
TEIL DES TAGES
DEN HALBEN TAG
DEN GANZEN
DIE MEISTE ZEIT
MEIN FASTEN
ANZAHL DER RAKA'AAT +1
2 4 6 8 10
TARĀWĪH
MEINE GUTE TATEN
KORAN LESEN CHECKLISTE
Hizb / Surah
Ayah
Von ___ Bis ___
Von ___ Bis ___
Von ___ Bis ___

Tag 2

DATUM:  /  /

ICH FÜHLE MICH

MEIN GEBET

TEIL DES TAGES
DEN HALBEN TAG
DEN GANZEN
DIE MEISTE ZEIT

MEIN FASTEN

Fadschr
Zuhr
'Asr
Maghrib
Ischa

ANZAHL DER RAKA'AAT +1
2  4  6  8  10

TARĀWĪH

KORAN LESEN CHECKLISTE

Hizb / Surah
Ayah
Von ___ Bis ___
Von ___ Bis ___
Von ___ Bis ___

MEINE GUTE TATEN

# Tag 3

Tag 4
DATUM: / /
ICH FÜHLE MICH
MEIN GEBET
Fadschr
Zuhr
'Asr
Maghrib
Ischa
TEIL DES TAGES
DEN HALBEN TAG
DEN GANZEN
DIE MEISTE ZEIT
MEIN FASTEN
ANZAHL DER RAKA'AAT +1
TARĀWĪH
2 4 6 8 10
MEINE GUTE TATEN
KORAN LESEN CHECKLISTE
Hizb / Surah
Ayah
Von _____ Bis _____
Von _____ Bis _____
Von _____ Bis _____

# Tag 5

# Tag 6

Tag 7

DATUM: / /

ICH FÜHLE MICH

MEIN GEBET

Fadschr
Zuhr
'Asr
Maghrib
Ischa

TEIL DES TAGES
DEN HALBEN TAG
DEN GANZEN
DIE MEISTE ZEIT

MEIN FASTEN

ANZAHL DER RAKA'AAT +1
2 4 6 8 10

TARĀWĪH

KORAN LESEN CHECKLISTE

Hizb / Surah
Ayah
Von ___ Bis ___
Von ___ Bis ___
Von ___ Bis ___

MEINE GUTE TATEN

# Tag 8

# Tag 9

Tag 10

iCH FÜHLE MiCH

DATUM: / /

MEIN GEBET

Fadschr
Zuhr
'Asr
Maghrib
Ischa

TEIL DES TAGES
DEN HALBEN TAG
DEN GANZEN
DIE MEISTE ZEIT

MEIN FASTEN

ANZAHL DER RAKA'AAT +1
2 4 6 8 10

TARĀWĪH

KORAN LESEN CHECKLISTE

Hizb / Surah
Ayah
Von Bis
Von Bis
Von Bis

MEINE GUTE TATEN

Tag 11

DATUM: / /

ICH FÜHLE MICH

MEIN GEBET

TEIL DES TAGES
DEN HALBEN TAG
DEN GANZEN
DIE MEISTE ZEIT

MEIN FASTEN

Fadschr
Zuhr
'Asr
Maghrib
Ischa

ANZAHL DER RAKA'AAT +1
TARĀWĪH
2 4 6 8 10

MEINE GUTE TATEN

KORAN LESEN CHECKLISTE

Hizb / Surah     Ayah
Von ___ Bis ___
Von ___ Bis ___
Von ___ Bis ___

Tag 12

DATUM: / /

ICH FÜHLE MICH

MEIN GEBET

Fadschr
Zuhr
'Asr
Maghrib
Ischa

TEIL DES TAGES
DEN HALBEN TAG
DEN GANZEN
DIE MEISTE ZEIT

MEIN FASTEN

ANZAHL DER RAKA'AAT +1
2 4 6 8 10

TARĀWĪH

MEINE GUTE TATEN

KORAN LESEN CHECKLISTE

Hizb / Surah     Ayah
Von         Bis
Von         Bis
Von         Bis

# Tag 13

Tag 14

DATUM: / /

ICH FÜHLE MICH

MEIN GEBET

Fadschr
Zuhr
'Asr
Maghrib
Ischa

TEIL DES TAGES
DEN HALBEN TAG
DEN GANZEN
DIE MEISTE ZEIT

MEIN FASTEN

ANZAHL DER RAKA'AAT +1
2 4 6 8 10

TARĀWĪH

MEINE GUTE TATEN

KORAN LESEN CHECKLISTE

Hizb / Surah     Ayah
Von          Bis
Von          Bis
Von          Bis

Tag 15
DATUM: / /
ICH FÜHLE MICH
MEIN GEBET
Fadschr
Zuhr
'Asr
Maghrib
Ischa
TEIL DES TAGES
DEN HALBEN TAG
DEN GANZEN
DIE MEISTE ZEIT
MEIN FASTEN
ANZAHL DER RAKA'AAT +1
TARĀWĪH
2 4 6 8 10
MEINE GUTE TATEN
KORAN LESEN CHECKLISTE
Hizb / Surah
Ayah
Von Bis
Von Bis
Von Bis

Tag 16
DATUM: / /
ICH FÜHLE MICH
MEIN GEBET
Fadschr
Zuhr
'Asr
Maghrib
Ischa
TEIL DES TAGES
DEN HALBEN TAG
DEN GANZEN
DIE MEISTE ZEIT
MEIN FASTEN
ANZAHL DER RAKA'AAT +1
TARĀWĪH
2 4 6 8 10
MEINE GUTE TATEN
KORAN LESEN CHECKLISTE
Hizb / Surah
Ayah
Von        Bis
Von        Bis
Von        Bis

# Tag 17

# Tag 18

# Tag 19

Tag 20

DATUM: / /

ICH FÜHLE MICH

MEIN GEBET

Fadschr
Zuhr
'Asr
Maghrib
Ischa

TEIL DES TAGES
DEN HALBEN TAG
DEN GANZEN
DIE MEISTE ZEIT

MEIN FASTEN

ANZAHL DER RAKA'AAT +1
2 4 6 8 10

TARĀWĪH

MEINE GUTE TATEN

KORAN LESEN CHECKLISTE

Hizb / Surah     Ayah
Von          Bis
Von          Bis
Von          Bis

# Tag 21

Tag 22
DATUM: / /
ICH FÜHLE MICH
MEIN FASTEN
TEIL DES TAGES
DEN HALBEN TAG
DEN GANZEN
DIE MEISTE ZEIT
MEIN GEBET
Fadschr
Zuhr
'Asr
Maghrib
Ischa
TARĀWĪH
ANZAHL DER RAKA'AAT +1
2 4 6 8 10
MEINE GUTE TATEN
KORAN LESEN CHECKLISTE
Hizb / Surah
Ayah
Von Bis
Von Bis
Von Bis

Tag 23

DATUM: / /

ICH FÜHLE MICH

MEIN GEBET
Fadschr
Zuhr
'Asr
Maghrib
Ischa

TEIL DES TAGES
DEN HALBEN TAG
DEN GANZEN
DIE MEISTE ZEIT
MEIN FASTEN

ANZAHL DER RAKA'AAT +1
TARĀWĪH
2 4 6 8 10

MEINE GUTE TATEN

KORAN LESEN CHECKLISTE
Hizb / Surah
Ayah
Von Bis
Von Bis
Von Bis

Tag 24
ICH FÜHLE MICH
DATUM: / /
MEIN GEBET
Fadschr
Zuhr
'Asr
Maghrib
Ischa
TEIL DES TAGES
DEN HALBEN TAG
DEN GANZEN
DIE MEISTE ZEIT
MEIN FASTEN
ANZAHL DER RAKA'AAT +1
TARĀWĪH
2 4 6 8 10
MEINE GUTE TATEN
KORAN LESEN CHECKLISTE
Hizb / Surah
Ayah
Von Bis
Von Bis
Von Bis

Tag 25
DATUM: / /
ICH FÜHLE MICH
MEIN FASTEN
TEIL DES TAGES
DEN HALBEN TAG
DEN GANZEN
DIE MEISTE ZEIT
MEIN GEBET
Fadschr
Zuhr
'Asr
Maghrib
Ischa
TARĀWĪH
ANZAHL DER RAKA'AAT +1
2 4 6 8 10
KORAN LESEN CHECKLISTE
Hizb / Surah
Ayah
Von         Bis
Von         Bis
Von         Bis
MEINE GUTE TATEN

# Tag 26

Tag 27

ICH FÜHLE MICH

DATUM: / /

MEIN GEBET

Fadschr
Zuhr
'Asr
Maghrib
Ischa

TEIL DES TAGES
DEN HALBEN TAG
DEN GANZEN
DIE MEISTE ZEIT

MEIN FASTEN

TARĀWĪH

ANZAHL DER RAKA'AAT +1
2 4 6 8 10

MEINE GUTE TATEN

KORAN LESEN CHECKLISTE

Hizb / Surah
Ayah
Von
Bis
Von
Bis
Von
Bis

Tag 28
DATUM: / /
ICH FÜHLE MICH
MEIN GEBET
Fadschr
Zuhr
'Asr
Maghrib
Ischa
TEIL DES TAGES
DEN HALBEN TAG
DEN GANZEN
DIE MEISTE ZEIT
MEIN FASTEN
ANZAHL DER RAKA'AAT +1
2 4 6 8 10
TARĀWĪH
KORAN LESEN CHECKLISTE
Hizb / Surah
Ayah
Von ___ Bis ___
Von ___ Bis ___
Von ___ Bis ___
MEINE GUTE TATEN

Tag 29

DATUM: / /

ICH FÜHLE MICH

MEIN GEBET

Fadschr
Zuhr
'Asr
Maghrib
Ischa

TEIL DES TAGES
DEN HALBEN TAG
DEN GANZEN
DIE MEISTE ZEIT

MEIN FASTEN

ANZAHL DER RAKA'AAT +1
2 4 6 8 10

TARĀWĪH

KORAN LESEN CHECKLISTE

Hizb / Surah
Ayah
Von ___ Bis ___
Von ___ Bis ___
Von ___ Bis ___

MEINE GUTE TATEN

Tag 30
DATUM: / /
ICH FÜHLE MICH
MEIN GEBET
Fadschr
Zuhr
'Asr
Maghrib
Ischa
TEIL DES TAGES
DEN HALBEN TAG
DEN GANZEN
DIE MEISTE ZEIT
MEIN FASTEN
ANZAHL DER RAKA'AAT +1
2 4 6 8 10
TARĀWĪH
KORAN LESEN CHECKLISTE
Hizb / Surah
Ayah
Von Bis
Von Bis
Von Bis
MEINE GUTE TATEN

# RAMADAN AKTIVITÄTEN

# BUCHSTABENSALAT

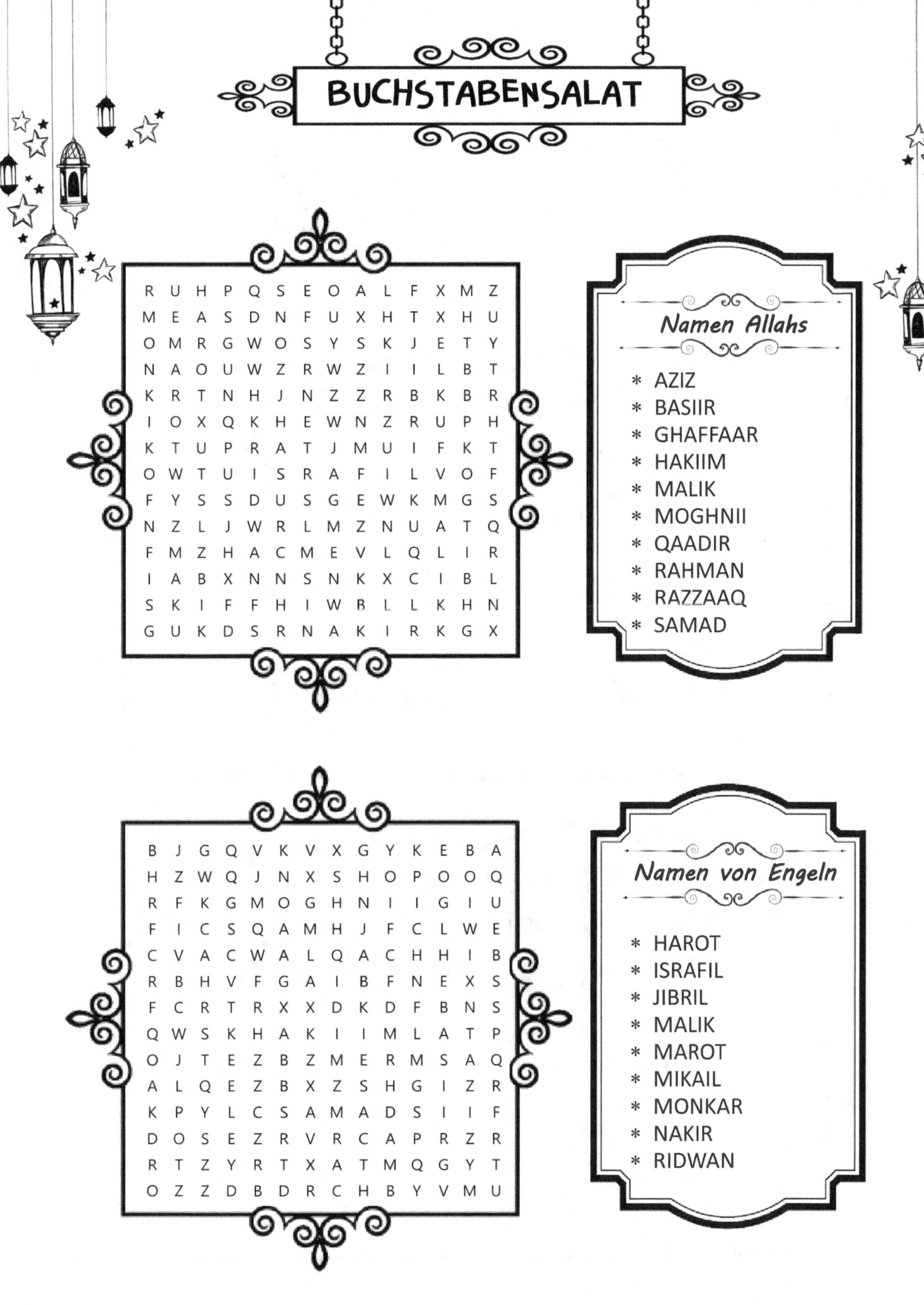

**1**

## Allah erschuf die Engel aus:

- ☐ Dreck
- ☐ Light
- ☐ Feuer
- ☐ Eisen

**2**

## Welcher Prophet wird am häufigsten im Koran erwähnt?

- ☐ Mosa ﷺ
- ☐ Muhammad ﷺ
- ☐ Isa ﷺ
- ☐ Ibrahim ﷺ